싱싱한 변명

| 나순희 시집 |

꿈

어젯밤, 꿈에서 나는 사거리 코너에 서 있었다.
화려하진 않지만 깔끔한 새 건물이 있었다.
누군가 그곳을 가리키며 말했다.
"당신의 집입니다."

그 건물은 낮지만 오똑했고, 사방이 트여 있었다.
지나가는 사람들은 잠시 고개를 돌려 바라보았다.
낡은 것들을 걷어내고 새로 세워 올린 듯,
차분하고 단정한 빛이 번져 있었다.

잠에서 깨고 나서야 알았다.
그곳이 바로 나의 첫 시집,
『싱싱한 변명』이었다는 것을.

삶을 견디며 살며 꺼내 놓은 말들이
이제는 변명이 아니라
나를 세워주는 언어가 되어 있었다.

그 언어의 집 앞에 오늘,
나는 조심스레 문을 연다.

추천의 글

시(詩)가 인류를 구원하리라

고석근
(작가, 인문학 강사)

모든 언어는 우리에게 명령을 내린다. 우리는 무의식중에 언어의 명령을 수행하고 있다.

인간이라는 단어는 우리 모두에게 '인간답게' 살라고 소리친다. 그런데, 인간은 무엇인가?

노자가 일찍이 말하지 않았던가!

무엇에 이름을 붙이면 그건 진정한 이름이 아니라고. 따라서 우리는 도무지 알 수 없는 언어라는 유령의 노예가 되어 살아가고 있다.

다들 '인간답게' 살기 위해 온갖 죄를 저지르고 벌을 받고 있다. 따라서 우리는 언어라는 신상(神像)을 파괴해야 한다.

그리하여 언어를 모르던 아득히 먼 태초의 시간으로 돌아가야 한다. 원시인이 되어야 한다.

원래 시인이었던 태초의 인류가 되어야 한다. 그때 우리는 어린 아기처럼 자신만의 언어를 옹알거릴 수 있으리라.

그때 우리는 시인이 되어 언어의 감옥에 갇힌 자신을 구원하고 세상을 구원하게 될 것이다.

나순희 시인은 어느 날 자신에게 시가 왔음을 고백한다.

  모래밭

  파도가 들락이는
  모래밭에 앉아
  굵은 손가락 낙서
  이름도 써보고
  손도 묻어보고
  한동안 쌓은 성
  흔적도 없다

  아침이면 식구들이
  썰물처럼 빠져나간 자리
  굵은 손가락

온종일 족적을 남긴다

　　썰물이 밀물 되어 밤으로 오면
　　흔적도 없이 사라지는 족적

　　오늘도 내일도 이어질
　　굵은 손가락 낙서

그녀는 가족들이 다 떠난 텅 빈 방에서 자신도 모르게 '굵은 손가락 낙서'를 하고서 시인의 길을 걷게 된다.

그녀는 먼저 자신의 정체성을 찾는다.

　　앉은뱅이책상

　　식빵 속에 마요네즈가 어릴 적 앉은뱅이책상을 닮았다

　　들일을 하시는 할머니는 마흔의 나이에 시어머니가 되어 치마폭에 알 수 없는 공기를 휘감아 팔랑거리시고 엄마는 밭일과 울퉁불퉁한 부엌일로 머리에 수건 풀 날이 없으시고 아버지는 두 여자 사이에 삐거덕삐거덕 눈금 없는 저울로 뒤뚱거리시고 논일과 놀 일로 바쁘시고 오빠는 엄

마의 기대로 얼굴 볼 수 없고 미련한 작은오빠는 집안일
을 거드느라 부지런하고 할아버지는 바람을 안고 집안을
탈출하시고

남동생은 자꾸 장군처럼 자라나고

살짝 누르면 양쪽의 네모난 방으로 스미고 마는 마요네즈가
옆으로 삐져
한낮, 허공에 알 수 없는 의문을 이불로 쌓아가던
작은 방 앉은뱅이책상

겨울, 켜켜이 쌓은 무명 이불 풀어
차가운 방 덥히는
앉은뱅이책상

그녀는 자신이 어린 시절의 '앉은뱅이책상'임을 알아차린다.
'식빵 속에 마요네즈'

'남동생은 자꾸 장군처럼 자라나고// 살짝 누르면 양쪽의 네
모난 방으로 스미고 마는 마요네즈가/ 옆으로 삐져'
'겨울, 켜켜이 쌓은 무명 이불 풀어/ 차가운 방 덥히는/ 앉은
뱅이책상' 시인은 자신의 정체성을 구슬프게 노래한다.

말갛게 씻긴 시인의 눈은 다른 사람에게 향한다. 다른 사람의 미세한 마음과 함께 공명한다.

노인의 자존심

허벅지에 극심한 대상포진으로
4일째 잠을 이루지 못하여
오늘이 며칠인지 혼미한
38킬로 노구를
휠체어에 태우고 병원에 간다.
진료를 마치고 나오니
휠체어를 밀고 올라갔던 때와 다르게
병원 입구가 가팔라서
계단에 잠깐 노구를 앉히고
잠시 후
휠체어를 노구 앞에 놓고 다가가니

"저 사람 지나가면"

조용히 손사래를 친다
조금 전 마을 주민이 지나가면서
두 분이 인사를 나누는 것을 보았는데

그 사람이 지나가고

비틀거리는 몸을 부축하자
휠체어에 오르는 노인

시인은 자신을 들여다본다. '뉘세요?' 시인은 자신이 기존에 갖고 있던 정체성들이 허구임을 발견한다.

이름을 붙이려 하면 할수록 연기처럼 사라지는 자신을 본다.

뉘세요?

사각 거울 속에
내 얼굴을 집어넣고
가까이 더 가까이 가면
사람들과 미사여구 속에서
머리에 새겨진 아름다운
늘 잘 알던 여자가 낯설어지고
입, 코, 눈, 피부, 점들이
흩어져 괴물이 되어 가는데
나, 라고 한다
흩어진

이름을 붙여 보려 해도
붙들 수 없는 얼굴
뉘, 시지요?
뉘세요?

그리하여 시인은 깨닫는다. 이 세상은 '평범한 혹은 비범한' 것임을. 진흙과 연꽃은 하나의 세계라는 것을.

평범한 혹은 비범한

저기 뭣이냐 큰방에 가면 뻘건 것 있어야 갖다 입어라

안방에 가면 두 번째 못에 내가 입던 조끼 있다 따뜻할 테니 갖다 입어라

두 마음은 같아도

가면서부터 뻘건 것의 정체를 찾아가는 말과
아, 거기 가면 있을 거라 무조건 달려가는 말의

생각으로 길을 가는 걸음에는

사람이 있고, 앞을 생각하는
상상의 물건을 찾아가는 걸음에는
인간이 있다, 앞뒤를 생각하는

두 마음은
다르면서 같고, 같으면서 다르다

시인은 이 시대의 화두를 푼다. '깜빡하면,/ 일을 해치워버릴
뻔했다./ 사람들을 만나지 못 할 뻔했다.'

노란 비

주춤,
발길이 멈춰졌다

시간을 쪼개고 쪼개
일을 빨리 마쳐야겠다
는 생각이 바위만큼 무거워진 줄 모르고
은행나무 아래를 스치고 지날 때쯤
노란 비 하염없이 내리고
머리에 들었던 커다란 바위가

턱,

산산이 흩어져
노란 비로 내리고

한 발 한 발 앞으로
파란 하늘이 보이고
만나야 할 사람들과
해야 할 이야기들이 바스락 바스락

깜빡하면,
일을 해치워버릴 뻔했다.
사람들을 만나지 못 할 뻔했다.

나순희 시인과 함께 한 시간들이 자랑스럽다. 28년 전에 만나 함께 공부와 글쓰기의 길을 걸어왔다.

그녀는 평범한 주부에서 사회운동가, 시인으로 변신에 변신을 거듭해 왔다. 그녀의 족적은 많은 사람에게 길이 될 것이다.

차례

〈서문〉꿈 ………………………………………… 3
〈추천의 글〉시(詩)가 인류를 구원하리라 …… 4

제1부 / 앉은뱅이책상

모래밭 ………………………………………………22
앉은뱅이책상 ………………………………………23
감정의 날개 ………………………………………24
가위바위보 …………………………………………26
시를 읽다가 ………………………………………27
모래의 기억 ………………………………………28
묶음 …………………………………………………29
김칫국의 맛 ………………………………………30
봄 ……………………………………………………32
잠 ……………………………………………………33
먼지 …………………………………………………34
내 몸이 끄는 수레 …………………………………36
도둑과 빼기 ………………………………………38

부활하는 아침 ·· 40
싱싱한 변명 ·· 41
마음 ··· 42
감상시집 ··· 44
수직적 참견 ·· 46
소리 꽃 ··· 48
책등 ··· 49
발 ·· 50
게딱지 ·· 52
그녀를 엿보다 ··· 54
모래밭 1 ··· 56

제2부 / 엄마 나무

고개 ··· 58
보푸라기 ··· 59
남의 눈 ··· 60
방풍림 ·· 62
엄마의 봄 ·· 64

차례

별일 …………………………………………… 66
걱정공장공장장 …………………………… 68
부추가 ………………………………………… 70
엄마 나무 …………………………………… 71
외할머니 ……………………………………… 74
엄마의 기억 보따리 ………………………… 76
누가 입을 줄 알고 ………………………… 77
돌 점 …………………………………………… 78
뱁새 눈 ……………………………………… 80
노인의 자존심 ……………………………… 82
광복 …………………………………………… 83

제3부 / 네잎클로버

네잎클로버 …………………………………… 86
8월은 눈사람 ………………………………… 88
깨 터는 새 …………………………………… 90
가을 택배 …………………………………… 91

이별 …………………………………………… 92
헛개나무 ……………………………………… 93
봄 벽 …………………………………………… 94
코스모스 ……………………………………… 96

제4부 / 마음은 딱지다

마음은 딱지다 ………………………………… 98
알아서 ………………………………………… 99
정지에서 ……………………………………… 100
희뿌연 새벽 …………………………………… 101
반사작용 ……………………………………… 102
쑥 ……………………………………………… 104
모래 언덕 ……………………………………… 106
자화상 ………………………………………… 108
어느 날 문밖에서 ……………………………… 110
신 냄새 ………………………………………… 112
뉘세요? ………………………………………… 114

차례

제5부 / 안부

안부 …………………………………… 116
치자꽃 감옥 …………………………… 118
충분히 지옥인데 ……………………… 120
오이 가시 ……………………………… 122
계단 골목 ……………………………… 123
염색 …………………………………… 124
빨래 …………………………………… 126
소라게 ………………………………… 127
상상 보자기 …………………………… 128
출석부 ………………………………… 130
분홍 티니핑 물지게 …………………… 132
비빔면 ………………………………… 134

제6부 / 평범한 혹은 비범한

평범한 혹은 비범한 ································ 138
기차를 놓치고 ···································· 139
팽팽한 저울 ······································ 140
노란 비 ·· 141

〈작가의 말〉 그럼에도 불구하고 ················ 142

제1부

앉은뱅이책상

모래밭

파도가 들락이는
모래밭에 앉아
굵은 손가락 낙서
이름도 써보고
손도 묻어보고
한동안 쌓은 성
흔적도 없다

아침이면 식구들이
썰물처럼 빠져나간 자리
굵은 손가락
온종일 족적을 남긴다

썰물이 밀물 되어 밤으로 오면
흔적도 없이 사라지는 족적

오늘도 내일도 이어질
굵은 손가락 낙서

앉은뱅이책상

식빵 속에 마요네즈가 어릴 적 앉은뱅이책상을 닮았다

들일을 하시는 할머니는 마흔의 나이에 시어머니가 되어 치마폭에 알 수 없는 공기를 휘감아 팔랑거리시고 엄마는 밭일과 울퉁불퉁한 부엌일로 머리에 수건 풀 날이 없으시고 아버지는 두 여자 사이에 삐거덕삐거덕 눈금 없는 저울로 뒤뚱거리시고 논일과 놀 일로 바쁘시고 오빠는 엄마의 기대로 얼굴 볼 수 없고 미련한 작은오빠는 집안일을 거드느라 부지런하고 할아버지는 바람을 안고 집안을 탈출하시고

남동생은 자꾸 장군처럼 자라나고

살짝 누르면 양쪽의 네모난 방으로 스미고 마는 마요네즈가 옆으로 삐져
한낮, 허공에 알 수 없는 의문을 이불로 쌓아가던
작은 방 앉은뱅이책상

겨울, 켜켜이 쌓은 무명 이불 풀어
차가운 방 덥히는
앉은뱅이책상

감정의 날개

찜 찌는 날,
샤워 중 창밖으로
소나기가 들이닥쳤다.

맨몸으로 달려가
불을 끄고
창을 닫았다.

뚜벅뚜벅 걷던 하루,
길모퉁이에서
잠깐 날아오는 구름,
민들레 대신 핀 채송화,
주춤 머문 마음
그 자리에 시를 쓰려 했다.

쓰고 나면
날아올랐던 순간들이
깜깜한 맨몸 같았다.

다시 소나기가 들이닥치면
없는 누구도 불러

"저기 창문 좀 닫아 줘," 말하며
창가의 나뭇잎을 느끼며
잠자리 날개 같은 원피스를 입고,
감정의 날개를 개어
세상을 밝혀 보리.

가위바위보

산수유는 좁쌀만 한 노란 꽃들이 영글어 숭얼숭얼
잡목들은 아직 마른 가지인데
진달래꽃 주먹을 내밀자
아이는 할머니에게 가위를 내라고
미리 알려주듯
잔가지 가위를 내밀어 달려보지만
아이는 주먹을 내고
내달리는 꽃 주먹을 쫓아갈 수 없다
조금 있으면 꽃 주먹도
꽃보자기를 내겠지
또 내달리며
이어지는
할머니보다 더 오래된 듯한
초록 가위바위보

시를 읽다가

시를 읽는데
병원 무균실에서 지치도록 검사만 받던
시에 출현한 농부가
씨를 뿌려 놓고 온 참깨 순이 나왔는지, 남편에게 묻는데

사는 게 왜 이런지
술을 마시며 죽고 싶다는 우울의 말이 떠올라
흐려진 목소리가 살고 싶다는 참깨 씨앗인 것 같아
파릇파릇한 참깨 순을 배달하고 싶고

시를 읽다가
웅덩이 같은 딴 곳으로 빠져
의미 없이 눈이 따라가고
웅덩이는 자꾸 넓어지고
시는 무슨 말인지 스치고
떠오르지 않는 내 말들이
아직 올라오지 않은 참깨 순 같다가

모래의 기억

어떤 계간지에 등단하여 시인이 되었고
오래도록 모이며 흩어졌다 공부하고 있고

그런 곳을 나가면 나는 발을 동동거리며
귀를 갸우뚱하며 모래알 세상을 살아가고
모래를 한 줌 쥐어 뭉치고 뿌리면
마술같이 나타나는
갖가지 모양의 그림을 좋아하고

문득,
모래는 모래가 아니라 커다란 바위
아니, 커다란 바위의 흔적임을 생각하고
바위를 향해 커가야 함을 믿어보고
바위가 되려는 마음을 키워본다

묵음

동생이
철새 탐사를 떠난다고 한다.

철원은
늘 눈이 와서
어디든 눈이 쌓인 곳
차가 가기에 위험할 텐데
이 추운데 거길 왜 가냐?

야, 신나겠다!
누구랑?
철새 탐사는 그곳이 제일이지,
좋다!

라는 말이
묵음 처리되고

앞을 가로막는
비참한 결과는

남의 말을
내 습관으로 만들어 떠드는 것

이제,
그만,

김칫국의 맛

김칫국은
꿈이었다.

열한 살,
할머니를 따라 아랫집에 가면
빨강과 파랑 빗금 친 봉투가
조심스레 열렸다.

독일 간 딸의 편지를
할머니 대신 읽고,
나는 받아 적었다.
"나는 잘 있는데
너는 잘 있느냐?."

간호사 월급 일부를 받았다는 말,
고맙다는 인사까지 써 내려가면
두 할머니는 귀를 쫑긋 세우다
"참, 잘 썼다."

그 한 마디에
나는 우쭐했다.
정말, 우쭐했다.

그날.
김칫국 맛은
작가가 되고 싶은
꿈이었다.

봄

매화가 피더니
산수유가 피고
진달래, 개나리가 필 거라고
봄바람이 흔들흔들

이어서
옹알이 꽃이 핀 아가가
엄마를 부르고
엄마가 달려가고
엄마의 엄마가 달려간다

잠

잠은 정리 수납장이다.
어제의 계절이 바뀌면서
버려야 할 것
간직해야 할 것
새로 끄집어내야 할 것들이
켜켜이 쌓였다가
모두 나와

가보지 않은 곳이지만 갔었고
또,
만나지 않은 사람이지만 만났고
하지 않았던 말이지만 했었고

쌓이고 싸여 못다 한 말들이
우주 한복판에 아수라장을 펼치고

어느 손길인지 모르게
속도를 내 정리하고

아침이면
마음의 칸칸마다
제자리를 찾아
말쑥해진다

먼지

꽉 들어찬 허공의 먼지들이
먼지만큼 많은 생명인지도 몰라
먼지만큼 많은 죽음인지도 몰라

잠시 눈을 감으니
코가 가렵고 귀가 가렵고
무슨 이야기들이 그렇게 나를 간질이나

한낮 카페 창가로 보니
파란 도화지 한 장이라고 생각했던 가을하늘
빈틈없이 채우는 먼지

질주하는 차와
바람결에 몰려가는 먼지의 색과 농도를 보니
먼지가 움직이는 나라가
이 세상 전부라는 것을 보았지

허공은 허공이 아니었지
낙하산을 타고 내릴 곳을 찾아 나선
온갖 먼지와 씨앗들의 잔치였지

아무 생각이 나지 않는다고
생각도 없는 것이 아니어서
마음의 허공에 부유하고

부딪히는 관계의 바람 따라 몰려다니다가
몸 어딘가에 내려앉아 간질이고
먼지를 부여잡고 괴로워하고
간지러워서 마음을 잡으러 움직이는

오랫동안 버려둔 곳에 먼지가 쌓이고
먼지가 오래 쌓은 곳은 무엇인지 모르듯이
가만히 있으니 아련해지는
있는 것도 아니고 없는 것도 아닌 흔적들

사라졌던 것들이
허공 속 씨앗이 되어
나아갈 방향을 정한다.

내 몸이 끄는 수레

내 몸은 수레를 끌고 다닌다
수레 위에 날마다 무엇을 얹고 다닌다

그것이 잦은 바람에 흔들리는 작은 꽃 무리의 이야기일 수도 있고
병들어 떨어진 낙엽의 이야기일 수도 있고
반려견의 똥은 반려하지 않아 밟은 개똥일 수도 있고
산책길에 내 앞에 툭 떨어진 도토리일 수도 있다

그것이
가슴을 환하게 밝히는 아이들 웃음일 수도 있고
아이들 웃음과 관계되는 모든 이들의 일이기도 하고
먼 먼 나와는 상관없지만, 상관이 있는 이야기들

그것들을 싣고 다니다
자연스레 부려 놓는다
다음 날이 되면 또
햇살 가득한 수레를 끌고
그것들을 찾아 골목을 기웃거린다

밤이 되어도, 다음 날이 되어도
수레가 부려지지 않을 때
몸이 멈추는 날

수레는 허공에서
눈부신 길을 가기도 하고
경쾌한 바퀴 소리를 내기도 한다
수레는 내 몸을 끌고 다니기도 한다

도둑과 빼기

이른 아침 텃밭에 나갔다
상추는 이파리를 넓히는 것이 아니라
좁은 이파리를 달고 키 재기를 하고
깻잎은 이파리마다 평수를 늘려가고
고추는 주인이 소홀했던 시간에도
건재함을 주렁주렁 보여주고
오이 하나가 길게 몸을 늘어뜨려 생글린다

아이라면,
저것 빼자, 빼자 했을 터
땅에서 자라는 열매들을
"뺀다"는 아이의 말이 신선하여
열매를 거둘 때
"빼자, 빼자" 읊조리는데

어? 호박, 호박 하나가 없다
이리저리 둘러봐도 하나가 없다
길가라서 누가 벌써 빼갔네,

하나 남은 것도
누가 빼가기 전에

얼른 내가 빼서 봉지로 옮겨
첫 수확을 하고
상추 키가 더 크기 전에
상추 대를 뽑고 있는데

색이 바랜 물컹한 호박 한 덩이
땅이 빼 가 버렸다
오가는 길가 사람들을 바라보는
눈길이 멋쩍다

부활하는 아침

빛에 눈이 부신 아침
엉망진창 어질러 놓았던 하루를
누군가 알 수 없는 손이 설치해 놓은
세상처럼 단정하다

아이와 함께 놀고 들어간 해가
밥을 먹으러 갔다가 다시 나온 아침
아이와 함께 놀던 해가 집으로 들어가
잠을 자고 나온 아침
이런 말이 통하는 날들은

알 수 없는 것들이 눈에 뵈듯
처음이자 끝인 하루
날마다 천지창조

싱싱한 변명

변명은 시들면 안 돼

오이를 얇게 저민 오이 팩 찌꺼기를
화분 위에 놓았다가 깜박,
우글거리는 벌레에 놀라,
베란다 창밖으로 휙 내던지고

창밖을 보니
사람 손을 거친 오이는 쓰레기다
흘기는 눈과 시끄러운 말들이
떨어져 뒹군다

누가 볼세라
호미를 들고 나가
상추 몇 포기에
장마통에 덥수룩하게 자란 풀도 매주고
뒹구는 눈과 말들을 주워
땅에 묻었다

점심때가 다 되어
고추 몇 개 상추 몇 잎 따오며
호미를 든 싱싱한 변명

변명은 싱싱할수록 좋아

마음

마음은 무엇일까?

할머니와 손자가 있다면
마음은 할머니일까? 손자일까?

환자와 보호자가 있다면
환자일까? 보호자일까?

가만히 보니 아니다
마음은 그 누구도 아니다

늙음도
아픔도 모르고

눈도 없고
귀도 없고
입도 없어
수치심도 모르고

그러나
그 모든 것이 하나인
순간이 뭉친 둥그럼 같고
칼날처럼 가시처럼 날카롭기도 해서
오로지 자신이 정당하다고 주장하는

미래도
과거도 없는

오로지 자기 행복을 위해
자신이 무엇인지
순간을 표현할 뿐

감상시집

"엄마, 뭐 먹고 싶으세요?
어버이날인데 제가 맛있는 것 살께요.
저 알바 해서 돈 탔거든요."

웃으며
이 집 저 집 떠올려도
이거!
라고 입에 들어오는 음식을 찾지 못한다

마흔여섯 해를
수 없이 먹은 끼니
꼭 찍은 한 가지 맛
쉬 떠오르지 않는다
밖에서는 더군다나,
다 먹어 치워버린 것이다

재촉하는 아이의 말에
"그럼 엄마 책 한 권 사 줘
정 그러고 싶으면"

내 살과 피와 똥이 된
헤아릴 수 없이 많은
순간순간의 맛들이
기억해낸 단어 하나 끄집어내지 못하고

한두 편 보면 싫증 나고 마는
감상시집 한 권이라니

수직적 참견

알았다
동서도, 며느리도
그리고 나도 그런다는 것을,

"옷을 입혀, 아기는 따뜻해야 해"
"왜 저래? 엄만데"

손녀가 태어나
아빠가 목욕시키는데
"살살해, 그렇게 세게 하면 어떻게?"
"왜 저래? 아빤데"

에어컨 속에서 살다 온 아기가 울자
얇은 강보에 싼 채 에어컨을 튼다.
"그러면 안 돼, 아기는 계절이 없대,
따뜻하게 양말도 신기고 이불도 덮어 줘야지"
어머니에게 들은 이야기를 전하니
"괜찮아요"

동서네가 와서
"형님 이제 마음만 다녀가세요."

세대는 서로의 온도를 달리 느끼고
이젠 검색창에 묻는다.
'아기 체온 적정 온도'
'산후조리 기간'

이젠,
윗사람에게 물어볼 일이 없는 시대,
쓸모없는 말들이
참견이 되어 맴돈다.

사랑의 오래된 습관들

소리 꽃

길가에 꽃이 피어
넘쳐 집으로 들어온다

크고 굵은 소리는 아닌
가녀리고 높은음으로
온몸을 떨어 밀어 올린다

코스모스도 금잔화도 백일홍도 아닌
기계음 소리가 날 때는 점점 더 낮게

하루를 시작하는 아침
인간의 소음이 점점 잦아드는 저녁
소리 꽃은 점점 더 큰 화음으로

삐리리 삐리리
찌르르 찌르르
끄루루 꾸루루 귀에 피는 꽃
점점 더 화려한 곳으로 데려가는
온몸으로 우는 풀벌레 노래

책등

책 장이 넘어가지 않은 채,
여자의 등만 읽히고 있다
날개를 펴
바람을 일으키며
페이지를 넘어가야 하지만
키가 크다고 어른들 손에 쥐어박혀
날개를 접기 시작했고
굽은 등만 보인다
가슴이 커서
미련해 보이기 싫어
스스로 날개를 오므리며
등이 더 굽었다
세상이 바뀌어도
펴지지 않는 등
바쁘다는 이유로
시간의 몸이 되어
본문을 읽지 못한 채
세상이 할퀸 그녀들의 등만
몇 달째
책 등만 보고 있다

발

잠자리에 누우니
그제야 허공에 발이 놓인다.
하루를 꽉 채운 늦저녁까지
많이도 쏘아 다녔다.

이 마을에서 저 마을로
저 빌라에서 그 너머로
이 사람, 저 사람을 만나며
중심을 잡아
길을 잇느라
참 바쁘게도 점들을 찍었다.

하루를 돌아오는 점들은
만선의 배처럼
가득한 것일까?
무엇을 담아 온 것들일까?

때론 알 수 없는 걸음들
저녁이면 허공에 꼭 놓아야 사는 발
발이 허공에 놓여있는 동안
등이 발이다.

낮에 가지 않아야 했던 길을 가고
낮에 가지 못했던 길을 가고
가야만 했던 길을 가야
비로소
점들이 이어진다

점과 점들 사이
밤새 등이 걷는다

게딱지

산책길, 숲 가운데
사무실에서 막 나온 듯한
스커트 차림 두 여자

간이 의자 위에 핸드백을 내려놓고
신발과 양말까지 벗어놓고
온몸으로
땅과 숲을 들이마신다

"인정머리 없어 보이는데
세상이 험하니…"

둘은 수긍하며
딱딱한 게딱지를 이야기한다
서로의 쉼터가 되어
잠시 입을 연다

"결혼은 안 했어요"라 하지 않고
"남편이… 돌아가셨어요?" 하면
끄덕끄덕이는 여자도 있다

남편이 죽었어도,
남편이 있는 양
이혼했어도,
남편이 있는 양

긍정도 부정도 아닌 게딱지
세상의 눈초리가 싫어 껴입은
껍질 같은 말

게딱지는 게의 옷
속살을 숨기기 위한
세상의 딱지다

그녀를 엿보다

찌지이찌지, 찍, 까각, 꺄아악,
도시의 새들이
사각의 시멘트벽을 깨우고
멀리서 바퀴 소리,
연녹색 차가 서행하며
퉁, 탁, 탈그락, 칙, 윙~
쓰레기를 집어넣고
새 소리를 삼킨다
그녀는 핸드폰을 편다
앱이 저절로 열리고
광고 속으로 빨려 들어가
쓩쓩, 손끝으로
이미지 위를 날며
포인트를 쌓는다
끝없는 화면이
그녀의 고요를 먹어치운다
낮에도,
버스 안 창가에 앉아
틈만 나면 고개를 숙이고
생각도 없이
화면 속 남의 하루를 넘긴다

누가 뭘 하는지,
어디를 갔는지,
무얼 먹었는지
그녀의 시선이
남들의 사생활을 엿보는 사이
자신의 그림자도 놓쳐버린다
핸드폰을 접자
옆집 현관 열리는 소리
새 소리 다시 들리고
고요가 깃든다

모래밭 1

누군들
꿈이 없었겠는가
자식을 위해서
가정의 평화를 위해서
몸이 아파서
조금씩
조용히
다듬어진
무수한 꿈들이
잠들어 있는
모래밭

제2부

엄마 나무

고개

끄긍 끄긍
앓으며
老軀가
겨울 고개를 넘는다
-다 온 것 같은데
…
아니, 다시 봄
마른 잎 사이
고통이 살아 봄
어디까지 가야
멈출 수 있나?
-그래
끝까지 가보자
고개 너머 고개
아흔네 고개를 넘어가는
끝없는
고개 넘이의 끝은
둥글다

보푸라기

혼자의 방을 거닐던 엄마
짠한 마음 허둥거릴 때면
뭔가를 마련해 놓고 전화를 하신다
이번엔 손자의 코트다
굵은 마디 꺼끌거리는 손으로
옷을 고르며
아빠 잃은 아이 마음을
만지고 만져
그리움을 문지르다
보푸라기마저 일으켜
건네 왔다
친구들과 놀기에 바빠
불려 온 아이는
흔쾌히 웃으며
옷을 입고 멋지게 뽐내 보이며
할머니의 옷 고르는 솜씨를 띄운다
옷에서 보푸라기가 떨려 날며
"쓰것다"
엄마의 슬픔을 입어 날린다.

남의 눈

장롱이며 서랍장들을 밖에 놔두고
비닐을 쳐 놓아 칙칙한 가구들이
남의 눈길을 받으며 펄럭거리며
햇볕을 받고 있다
누가 눈길을 주건 말건
TV에서 유행을 쏟아내고
다리가 아파 주저앉을 것 같아도
자신의 자리를 벗어난 적은 없었다
집수리하는 틈을 타
딸 집에 와 처음으로
긴 시간 쉬어 가며
평생 공과금 한 번 밀린 적 없는데
처음이라며
묵은 기억 하나 꺼낸다
"내가 왕사탕을 손댈라고 했는지,
 -누가 다 보고 있다,
 아버지 그 한 마디에…"
구순 중반 노인은
아버지를 따라 장에 따라나섰던
자신을 조심스레 꺼내 놓는다
수리한 집이 환해지고

가구들을 들이려고 보니
가족들이 늘어날 때마다, 애경사 때마다
그 앞에서 엄마를 찾았던 기억이
가구마다 배어 있다
다리가 좋지 않아 인공관절을 넣은 몸처럼
긴 날들을 살아낸 가구들은
어딘가 상처가 나 있다
자식들이 새로 들여 준 가구들을 보며
얼마나 더 살겠다고,
남들이 뭐라 할 거라고, 남부끄럽다고
남의 눈에서
쫓겨날까 봐
걱정이다

방풍림

남해 독일마을 앞바다,
활처럼 휘어진 천연기념물 방풍림
방풍림, 아니었다면,
근처 물건리 마을은
속절없이 불어오는 바닷바람으로,
숨을 쉴 수가 없었을 것

칫솔모가 납작하게 드러누워도
새것으로 갈 줄 모르고,
치약 찌꺼기가 남은 채 걸어 놓아
새까만 곰팡이가 끼어있는 칫솔걸이를
청소하고 나와,
칫솔질 후에는
흐르는 물에 칫솔을 깨끗이 씻고
납작한 칫솔은 새것으로 갈아서 쓰라고 하니

나란히 걸린 엄마 칫솔을 쓰고 나와
새것으로 바꿔 썼다고 말하는 오빠
그런 아들을 건사하는
딛는 듯 안 딛는 듯 고양이 걸음은
언제 날아갈지 모르는

잠자리 같은 체구로
다른 자식들까지
평온한 일상을 지켜내려는
90해가 넘은 방풍림

3층 높이에서
내 그림자 사라질 때까지
이파리 같은 손 흔드는
저 우람한 방풍림

엄마의 봄

급 전보를 열었습니다
25일네시반모친영등포도착예정
엄마의 봄이 있었습니다

작년까지 당신의 체온을 담갔던
-들판을 보니 손기損氣해서 못살겠다
고속도로에 빼앗겨 들판이 된 자식
자식처럼 날마다 넓은 들을 어루만지던 손길
그것마저도 이제는,
남의 손에 들어가서 다가갈 수 없다는

언 땅의 얼음 녹는 소리에
보따리 머리에 이고
급 전보 응답을 기다리던
허리끈 졸라맨 분홍공단 한복

서울에는 무엇이 기다리고 있을지 모르고
새벽부터 일어나 고단한 일로
계단에서 날아오르던 빈혈
오지 않는 희망일지라도
떠나는 것이 희망이었을 것

요즘 하루 세 끼 밥을 먹고
살아있는 하루하루가 소중하여
가장 좋은 세상이라는

설 지난 창가에
30년 전 그녀의 들판이
모락모락 피어오릅니다.

별일

"허 참,
니 작은엄마가 전화해시야
별일이다
참,
별일이다"
전화 한 통이 그렇게 감동할 일인가?
연신 '별일'을 외치는
딸로, 여자로, 아내로, 며느리로, 엄마로
살아오면서
사이사이 도망치고 싶다는 외침만이
'나'였던
이제는 90 중반이 되어가는 노인
돈 있는 사람들에게
저 잘난 사람들에게
전화 한 통 없는
사계절을 건네 오신 걸까?
자식들에게는
늘
음지가 양지 되고
양지가 음지 된다고
늘어놓던 소신

일생이 소설 몇 권이라던
가장 평범한 사람의
인간승리라 해도 좋을
작은 별일

걱정공장공장장

저녁 야채 한 접시를 먹으며
안부 전화

−야채만 먹지 말고 고기도 먹어라
너는 왜 야채만 좋아하냐,
고기도 먹어야 써,

−야채를 먹으면 속이 편하고
특히 양배추를 먹으면 소화도 잘돼,

다음 날 일어나기도 전
전화기에 걸려 온 불면,

−하루 세 끼 밥을 꼭 챙겨 먹어야 하는데
너는 젊어서 집에서 살 때부터
밥을 해 놓고 일을 나갔다 돌아오면
밥솥에 밥이 그대로 있었어
늘 아침밥을 굶고 나가고
사람이 아침밥을 꼭 먹어야

……
−그럼요.

─TV 좀 봐라,
박사들이 나와서 다들 아침을 먹어야 쓴다고 난린디
나 봐라,
나도 안 닮았어
누가 대신해 주지 않는다니까
너는 큰일이여, 큰일.

해가 바뀔 때마다
자식들이 자신보다 더 먼저 아플까
밤새 부풀린 단세포 같은 말,
"양배추를 먹으면 속이 편해진다"는 그 말로
날마다 같은 걱정을 새롭게 찍어내는
걱정공장공장장

부추가

가만둬도 자란다고
어디서 들은 소리는 있어
부추 몇 심어 놓으니
하루에 1센티는 자라는 것 같아
사슴뿔처럼
푸른 뿔을 들여다보며
베어 먹는데
칼을 들고 다가가는 나를 보고
부추가 말한다

-아구, 무서, 또 왔네.

농부였던 엄마가
부추의 소리를 들려준다.

거름도 주지 않고
뿔만 베어가는 나에게
부추가
눈을 부릅뜬다

엄마 나무

들판에 나와 가을걷이를 둘러보며
나뭇가지에 가지들 뻗어나간 자리
하나하나 어르며 갈잎을 둘러보신다.

몸을 일으키기 힘들면
이제 다 되었나 보다
팔십이 되면
그냥 자연으로 돌아가는 줄 알았는데
구십이 넘어 살아있는 몸이
신기할 뿐이라고

햇볕이 드는 쪽이 어디인지
방향을 뒤늦게 찾아
분주한 막내 가지는
딸 셋 낳고 남편 때문에
고생고생했지만
남편이 이제 착실하게 회사 다니고
두 딸이 결혼하여
듬직한 사위가 들어와 이제 괜찮고

듬직한 아들 가지는
아들은 괜찮은데
딸이 속을 썩여서 힘들어도
지들 부부가 가지 뻗는데
그늘을 많이 드리워서 어쩔 수 없지만
대기업에서 나이 들어도 잘나가고

나름 까다롭게 이것저것 가리면서
햇볕을 향해 뻗어가려던
엄마한테는 순둥이로만 보이던 중간 가지는
혼자가 되었지만
가지 하나가 뻗어
딸 아들 낳아 이제 마음 놓이고

애초에 가지 한쪽이
병든 가지 하나는
복지제도와
이제 괜찮은 아이들이
왔다 갔다 하며 돌보라며
얼마간의 돈을 묶어 놓으면
남은 생은 알아서 할 것이라고

희망 자체였던
큰 가지는
엄마를 빛내주지 못하고 꺾여버려
가슴에 묻는 가지가 되어
어쩔 수 없고

어린 자식들을 학교에 보내놓고
선생님을 찾아가
담배와 계란 꾸러미를 건네며
무엇이 돼야 했던 극성은
삭정이로 다 털어 버리듯
이제 다 쓸 만하다고,
살아있는 것이 최고라고
볼에 스치는 바람결도 좋다며
퉁치는 엄마의 결산

외할머니

오랜만에 간 외가에서
머리를 길게 늘어뜨린 젊은 외할머니가
대밭을 등지고 앉아있는 집
끝 방에서 대청마루로 나오고 있었다
아니,
오랜만에 와서 외할머니가 살아계신 것도
몰랐던 것인가
누구지?
동생이 옆에서 툭, 치며
막내라고 한다
외사촌 동생이라는 걸
그제야 알고도
그 동생에 관한 이야기는 떠오르지 않고
외할머니 기억만 선연히 떠오르는 것이다

부잣집에서 가난한 선비 집안으로 시집와
나물을 뜯으러 간 동네 아낙들과
헐렁한 바구니를 옆구리에 끼고 돌아오며
가득 찬 고사리 바구니를 내비치며
옆 아낙들이 놀릴 때
설움만 켜켜이 쌓여

부지런한 며느리를 얻고야
설움을 갚았다는
빠른 걸음을 본 적이 없던
외할머니

엄마의 기억 보따리

"이번이 마지막이다."
간장 한 병, 고추장 한 통, 된장을
바리바리 싸 놓는다
된장 냄새가 방안까지 퍼지며
짙어지는 밀도
된장독에 손자국을 남기며
다독다독

"이렇게 담가놓고 어느 날 떠나면
내 이야기 함서 가져다 묵겠제."
꼭, 새겨들으라는 건지
혼잣말인지
팔순이 되면서부터 벌써
십 년이 넘었다.

늘, 먼 여행을 준비하듯
손수 기억의 보따리를 싸 놓는 엄마
죽음보다 더 무서운 것은
살던 무대에서
잊히는 것이라는 듯

누가 입을 줄 알고

환절기가 되면
본인 의사와 상관없이
꼭 딸네로 실려 오게 된다
다니러 오는 것도 아닌
몸 어딘가 통증이 찾아와
혼자 견디기엔 벅찬 노구가
조금 나아져 집으로 갈 무렵엔
긴 옷이 필요하다
손주며느리가 사 드린 긴소매 옷
팔 길이에 맞게 접고 또 접어
실로 살짝 훔친다.
수선집에 가서 꼭 맞게 고쳐다 드리겠다고 해도

"누가 입을 줄 알고"

길거리에 버려지는 멀쩡한 물건들이
천지로 쌓인 것을 보며
끌끌 혀를 차시면서
내 것은 아무것도 사지 마라시더니

호랑이는 죽으면 가죽을 남기고
사람은 죽으면 이름을 남긴다는데
엄마는 옷을 남기려나 보다

돌 점

할머니의 손에 들린 돌은 신
아들의 운명을 좌우하는

몇 해째 얼굴도 보지 못한 아들이
살아있느냐, 죽었느냐
신에게 울면서 묻는 기도

신을 머리 위에 얹고
앞으로 떨어지면 살아있고
뒤로 떨어지면 죽은 것이라고
동구 밖에선 기다림으로
돌이 되어 가던 여인들

쥐도 새도 모르게 끌려간
전쟁터에서 살아 돌아오기를
기다리다, 기다리다 지친
할머니의 기다림 놀이
돌 점

여행길 모슬포 흘러가는 들녘을 바라보며
점이라도 찍어 둔 것처럼

"여기가 거긴데,"

돌 점에 가슴 졸이며
시집살이를 견뎠을 또 한 여인,
돌이 주었던 슬픔과 기쁨을
풀어 놓는다

뱁새 눈

어릴 적, 뱁새의 눈을 자주 만났다

우리 밥상과는 다른
아버지의 밥상을 넘보다가 만났고
동네 잔칫집 가는
할머니의 치맛자락을 잡다가도 만났다

실눈을 뜨고
엇박자의 주름을 만드는 이마에
심지가 들어있는
한 번도 보지 못한 뱁새의 눈

그 눈을 한 번 마주치기라도 하면
단칼에 제압당하고 마는
뱁새눈의 힘을 기억하는데

長男이 세상을 버릴 때
흩어져 버린 희망으로
점점 눈의 힘이 풀리고

지금은 그런 눈을 뜨지 못하는

얇아진 몸으로
자는 듯이 자는 듯이
어떻게 해야만 예쁘게 눈을 감을까
주문을 외고
우리는 모여서 뱁새눈을 노래한다.

노인의 자존심

허벅지에 극심한 대상포진으로
4일째 잠을 이루지 못하여
오늘이 며칠인지 혼미한
38킬로 노구를
휠체어에 태우고 병원에 간다.
진료를 마치고 나오니
휠체어를 밀고 올라갔던 때와 다르게
병원 입구가 가팔라서
계단에 잠깐 노구를 앉히고
잠시 후
휠체어를 노구 앞에 놓고 다가가니

"저 사람 지나가면"

조용히 손사래를 친다
조금 전 마을 주민이 지나가면서
두 분이 인사를 나누는 것을 보았는데
그 사람이 지나가고

비틀거리는 몸을 부축하자
휠체어에 오르는 노인

광복

"정임아, 해방됐단다,
좋은 데로 시집가그라!"

작은 집 정갈한 종주 할머니가
온몸에 웃음을 감고 외치는 말에

시시때때로 공출에
할머니 치마폭에 숨어 지내던
열일곱 정임이는
정말 해방되는 줄 알았다고
광복절을 회상한다

시집살이 그럴 줄 몰랐다
하면서도
살아온 세월이 광복인 듯
웃는다

제3부

네잎클로버

네잎클로버

출발할 때
생각이 먼저 들면
날도 추운데 언제 다 가려나
지루해지더니
한 발 두 발
발이 놓인 자리에
몸도 실어 가면
구불구불 길이 되는 산책길
올라갈 때와는 다르게
내려오는 길은
완만했던 사선도 달리 보이며
급경사다

어릴 적
무릎을 자주 깼다
동네 아이들과 달리며 놀다
흙과 모래, 피가 범벅이 된 무릎으로
집으로 돌아오면
먼 산 보지 말고 앞 보고 걸어라

급경사 내리막길에선
발이 놓인 각도로

몸도 사선으로 걸어야 한다
빠른 발놀림으로
위험한 순간순간을 착지하며

무릎에 붙은 모래와 흙과 피의 기억이
냄새를 불러온다

독수공방 할머니의 무릎에는
클로버 이파리 같은 쑥 무덤이 다닥다닥
바다를 건너 달아난 할아버지가 문제일까
어떻게 하면
할아버지를 만날 수 있으려나
행운은
네잎클로버가 가져온다는데

엎드려 네잎클로버를 찾은 기억이 있다

할머니 무릎에선
토끼풀 냄새가 났다
하얀 꽃이 피면
무릎 냄새가 더 짙어지는

8월은 눈사람

8은 눈사람
눈코입만 그려 넣으면 눈사람
언제나 있고, 언제나 사라지는 눈사람

눈사람에게는 팔이 있다
팔이 있어도 아무도 품지 못하고
어느 날 사라지는

하지만 눈사람은 어디든 있다
케이크에
여름을 시원하게 만드는 그림에
크리스마스트리에…

세상을 순식간에 마법으로 만드는 눈
순식간에 마법을 일으키고 사라지는 눈사람
나를 변화시키는 마법

이쪽으로 가면 대로, 저쪽으로 가면 집
너무도 뻔한 길이
폭우로 사라지고
칡꽃 향기가 들판을 뒤덮어올 때
향기로 이어지던 길

칡꽃 향기에 취해 하염없이 걷던
흠흠,
8월의 들녘에 서면
나도 모르게 쫓는 그 향기

깨 터는 새

축/축/축/
축/축/축/
처음 듣는 새소리

흰 수건 머리에 쓰고
지금은 남의 집이 되어
풀이 무성했을
반들반들했던 고운 마당에서
대나무 막대기로
축/축/축/
축/축/축/
깨 털며
혼자 사는 신세도
털어냈을 법한 할머니를

쏟아 놓는
이름 모를 새

가을 택배

딩동,
벨 소리도 없이
문 앞에 놓여있다

언제쯤 도착했는지
조용히
문이 열리기를 기다리는

봄부터 여름을 달려온
색색의 날들이
이제 문을 두드린다

띵동,

문 열기를 기다리고 있는
딸랑, 낙엽 한 장

이별

그가 빨래해 놓은
구겨진 옷을 가져와
말없이 다린다
움직이지만 조용히,

내 옷을 한 번은
반듯하게 다려주고 싶었나

다림질은 밖에서 일로나 하던
생전 하지 않던 일을 하고
밭둑을 걸어가며
큰소리로 외치며
-나간다

한마디 말도 없이
벼락같이 가버린
준비 없는 이별

평소처럼
가까운 곳을 가는 듯
그냥 인사하듯

이별도 꿈이 되었나
-잘 가셔요.

헛개나무

헛개나무가 별 모자를 썼다
몽글몽글한 향기를 품은 꽃에
꿀벌은 꽃을 굴려
초록 공을 만든다
모자를 쓰고
자전거를 굴리며
흙을 향해 달리던
아픈 몸을 구하려
하필이면 내 창가에
헛개나무 한 그루 심고
산호 같은 줄기가 열리기도 전
그녀는 사라졌다
땅에
사람 씨도 심고 싶다던
향기 퍼 올리는 그녀

봄 벽

눈 감아도 보이는
고향 같은 동네,
끝없는 들판,

가려고 그리는 것은
노력해서 되는 일일까.
오르고 또 오르며
개미처럼 벽을 쌓는다.

가끔은 벽이 흔들리고
넘나들며
쏟아지기도 한다.
가벼워진 벽은
쌓기 위해 허물고,
허물기 위해 다시 쌓는다.
무너지는 벽 사이로
나의 들판이 드러난다.

비가 온다.
봄비가 스미듯,
나뭇잎도 풀잎도
생각이 더 짙어진다.

무성한 생각이 스러지고
다시 깊어져,
새로 돋는 봄 벽-
내 안의 들판이 된다.

코스모스

저 여인은
시도 때도 모르나 보다

5월인데
여인 한 송이 피었다.
십 센티밖에 자라지 못했지만
꽃을 피울 용기를 가진
저 여인은

어느 날
허공에 먼지로 사라질 거라
예감 못 한 연인을 보내고
연인의 가족 속에서
새로운 계절을 맞이하고 싶었으나
그 여인을 맞을 사람이 없어
떠났던, 여린 한 송이

코스모스처럼
훌쩍 커 있는지
키 작은 내게 용기를 주던 편지
이른 봄,
키 작은 코스모스로 피었다

제4부

마음은 딱지다

마음은 딱지다

봄방학이라고
이제 중학교 간다는 아이가 찾아왔다
아이와 즐겁게 밥을 먹고
이런저런 이야기로 오붓한 시간을 보내고
잠시 그 아이의 엄마는 차를 도로변에 댔다
그래도 내가 보고 싶다고 찾아왔는데
그림책을 하나 사 주려고 서점에 간 십여 분
삼만 원짜리 딱지가 한 장!

알아서

동생이 안 일어난다.
부지깽이도 뛰어다녀야 할
바쁜 아침인데
식구들이 다 깼는데

혼자 늘어지게 잠을 자고 있다며
아버지께 일렀다

아버지는 동생을 깨우고
엉뚱한 일로 야단을 쳤다
일어나라고만 하면 될 일을
왜 다른 일을 가지고 야단을 치나
동생의 비명에
아버지께 말한 것을 후회하며
잠에서 깨어났다.

나보다 더 큰 힘을 빌려
위아래 사이에서
그 큰 힘에 눌려
그만 스스로 알아서 기었다

오줌보가 터질 것 같은 것을
미루고 자다가
알게 되었다

정지에서

탁구공을 반으로 잘라 엎어 놓은 것처럼
흙이 작은 묘를 만든 울퉁불퉁한 바닥에는
고무신이 반들반들한 바닥을 만들고

밭에서 뽑아 온 채소를 다듬고 데치고 끓이고
정갈하고 깔끔한 한 상을 방으로 들여보내던 정지에서

물을 데우느라 불을 지펴서 열기가 남았다지만
빨간 고무통에 담긴 우리는 오들오들
막내, 여자아이, 혹은 까다로운 아이부터
깨끗한 물이 구정물이 될 때까지 차례로 담겨
등짝에 매운 손자국 한 대씩 빨간 무늬를 넣어가며
때를 벗겨
세례수처럼 맑은 물을 마지막으로 한 바가지 부으면
말끔하게 완성되어 방으로 들여보냈다

이제는 정지 구석 마른 나뭇가지 같은 몸을
목욕탕에서 타월에 비누를 묻혀가며
싹싹 씻기고 머리를 감기고
넘어질세라 조심조심 방으로 들여보내니
정갈한 밥상을 올리던 때처럼 말끔해진다

희뿌연 새벽

더부살이하던 집

잠자리에
나란한 참새 두 마리, 개구리, 염소, 잠자리
나란히 누워 잠을 잔다
혀를 날름거리는 개구리가
염소를 폴짝 뛰어넘자
개구리보다 빠른 잠자리 날아
장독대에 앉아 날이 밝기를 기다린다

아침 골목엔
하얀 칼라, 까만 주름치마, 흰 목양말들 사이를
아무 일 없던 것처럼
등굣길에 섞이던

입 봉하고
수없이 혼자 되뇌어 보던
그 새벽은 희뿌옇다

반사작용

더위가 나를 가둔다
집 안 34도,
더위를 피할 곳은 없고
더위와 논다

토란대 말린 나물과
고사리, 대파가 보여
일 끝내고
소고기 한 근과 숙주나물을 샀다

가스 불은 최소로
조용히 끼니를 이어오던 나날
오늘은
육수를 내고 숙주나물을 씻고
고사리를 불려 삶고
토란대를 불린다

팔팔 끓는 냄비 속
실내 온도가 함께 치솟는다

땀에 젖은 이마
열기 속 찡그린 표정
주방을 맴도는 동안
더위는 잊었다

혼미한 머릿속을 거닐며,
고개를 숙이고 집중하며
집 안만을 배회하는 세상을 사는,
회원들을 만나고 오면

건강하게 살아 있는 게
감사해, 더위쯤은 견딜 만하다
아니,

나도 모르는 내가
나와 그들에게
화를 내는지도 모르겠다

쑥

삼월, 아직은 추운 날인데도 쑥을 캐고
마음 둘 곳이 없어 들판에 나가 쑥을 캐고

젊어서는 갈 곳이 없어
쪽잠을 자고 일어나
건빵공장을 돌리고, 배달을 하고
시어머니, 큰 부인 눈치를 피해
끼니때마다 주걱에 붙은 밥으로 연명하며
자식을 둘, 셋이나 낳았는데도
고된 노동과 배고픔은 여전했고
드디어 네 번째 아이를 낳고서야
배고파 못 살겠다
소리를 치고 밥을 얻어먹게 되었다고 하셨는데

그날 들판의 쑥에게
속마음을 내보이셨을까

그 자식네서 머무르며
또다시 들판을 돌다 캐 온
쑥마저 싫어하던
바늘 하나 꽂을 곳 없는 마음에게

얼마나 실망하셨을까

가끔 마음 상한 여자가
내 안에서 쑥 올라오곤 합니다.
내 안의 아픈 쑥 한 줌,
숨길수록 진해집니다.

모래 언덕

부업을 한다고 종일 의자에 앉아
식구가 일하고 들어와도 고개 처박고
시간이 가는 줄 모르고 엉덩이가 붙어
가족들이 가는 휴가에
그저 부속품처럼,
곧 떨어져 나갈 빵부스러기처럼 따라나서고

이글거리는 도로 위는 주차장이 되고
엉덩이는 의자에 붙어 아무 말 못 하고
목적지까지는 근 7시간이 걸렸다

다대포 모래사장에 텐트를 치고
가족들은 근처 친지 집을 방문한다고 하는데

구급차를 타고 병원을 가야 할 것 같은데
엉덩이는 굴곡이 부드러운 모래밭에 쓰러져
모래와 한 몸이 되어갔다
파도를 타고 오는 모래가 텐트까지 들어와
나는 고운 모래 언덕이 되어갔다

무덤으로 누워 아침을 맞고
가족들이 바다에서 무엇을 했는지도 모르겠고
119를 불러 병원으로 가야 할 것 같은데
다른 장소로 이동하는 가족들을 따라가고

엉덩이의 붉은 맨드라미는 더 붉었던
모래언덕의 여름휴가

자화상

휴가 다녀오면서 피곤하다고
집으로 돌아가는 아들에게
전화기를 꼽으려다
인터넷 코드를 만졌는데
인터넷이 안 된다고 하니
와서 보더니,

무엇을 만졌기에 안 되느냐고
왜 기억도 못 하느냐고
화를 낼 일도 아닌데
격하게 쏘아붙이는 그 목소리에
어안이 벙벙해서

"화내면 건강에 좋지 않아
서비스를 불러서 고치면 되지,"
말끝마다 걸리던 나의 잔기침처럼
스멀스멀 올라오는 화를 돌아보며

친척이 준 사진기가 좋다며
수학여행 때 가져가
처음 보는 제주도 풍경을 찍었다며

필름 서너 통을 다 써 온 아이,
현상하려면 돈이 많이 든다며
그 어린 아들에게 윽박지르던
지금 같으면 일도 아닌
나의 과거가 아닌가

참 세상에서 할 일도 많은데
아이를 키우면서
실수만 하던 나를 돌아보는데
아무 일도 없던 듯
아들이 웃는다

어느 날 문밖에서

어떤 여자가 집 안에서
밥을 하고 빨래를 하고 설거지를 하며
넓은 집을 꿈꾸었어
드라마 속 거실을 기웃거리며
그 여자는 문 안에 살고 있었어

고향에서 온 어떤 여자가
제사 지내지느라 전을 부치고
우러나지 않는 친절로 가족들을 대하며
묵묵히 최선을 다했어
그런 여자는 문 안에 머물렀어

일터에서 돌아온 어떤 여자가
아이에게 학원을 보내면서
남들이 다 바라는 훌륭한 사람 되기를 바랐어
그 여자는 문 안에서 기다렸어

학교를 막 나온 어떤 여자가
아이가 인사동에서 작은 콩만 한 옥돌 거북을 훔쳤다고
도덕 선생이 되어 훈계했어

그런 여자가 문 안에 앉아 있었어
식구들을 자신처럼 여긴 어떤 여자는
자신 아닌 것은 뵈지 못했고
몸집이 불어날수록
문 안이 점점 좁아졌어

그러다
어느 날
그 여자 문밖에 나와
나를 바라보았어

신 냄새

조용한 아침
계란프라이에 밥을 얹고
첨가물 없는 상을 차린다
사람들은 이런 식사를
웰빙이라고 부른다

일상이 된 생소한 언어들의
김치 반찬통을 여니
정겨운 신 냄새 사이로
훅, 따라오는
첨가물 냄새 하나

점심시간, 교실 창문 너머 건네는
의사 아빠를 둔 민영이의 도시락 가방
훅, 끼쳐오는 신 냄새는 없었다

사장님 아빠를 둔 인형이
보자기를 풀어도
하얀 밥상, 뽀얀 살결
그 교실에 앉은 1%들

돌아앉은 소녀는
거뭇한 도시락 속
찬밥 덩이를 퍼 올렸다
손끝에서만 피어오르던 김

그 신 냄새는
누구도 따라 할 수 없는
웰빙 1%였다

뉘세요?

사각 거울 속에
내 얼굴을 집어넣고
가까이 더 가까이 가면
사람들과 미사여구 속에서
머리에 새겨진 아름다운
늘 잘 알던 여자가 낯설어지고
입, 코, 눈, 피부, 점들이
흩어져 괴물이 되어 가는데
나, 라고 한다
흩어진
이름을 붙여 보려 해도
붙들 수 없는 얼굴
뉘, 시지요?
뉘세요?

제5부

안부

안부

구두를 신고 삐탁삐딱 걸어
산동네 언덕배기를 오르내리던 아가씨
일과 미래의 궁금한 사랑 외엔
아무것도 모르는

서울에도 구멍가게가 골목을 지키던 시절
구멍가게를 하던 그 언니가 떠오른다

그 언니는
고향을 향해 고속버스를 탔는데
자정이 다 되어가는데 되돌아왔다

장성쯤에서
돌아가지 않으면 쏘겠다는
군인들의 총부리에 밀려
되돌아온 그 언니

눈이 커지던 그 난리 이야기에
가슴에서 군홧발이 쿵쿵쿵

가장행렬 같은 평화로운 도시에서는
출퇴근길을 재촉할 뿐

동생들, 할머니, 오빠는, 친구들은?
안부를 물을 수도 없었던 통신

트럭에 탄 시민들이
깃발을 흔들며
집을 향해 끝없이 걸어가는 청년을 향해
차에 올라타라고 올라타라고
끊어진 통신을 잇던
너무 늦은
가족들의 안부

치자꽃 감옥

주인을 따라가지 못한
커다란 치자꽃 화분이
이삿짐센터 차에 실려와
이삿짐센터 앞에 놓여있다.

사장은
"향기 좋지요?"
동네 귀퉁이를 수 놓는
치자꽃 향기를 자랑했다.

치자꽃 향기는
무심코 지나던 사람들도
큼큼, 코를 벌름거리게 했다
벌 나비까지도

해가 지나고
하얀 꽃이 만발하여
향기를 내뿜어야 하는 한 날,
치자꽃이 보이지 않았다

향기가 있던 자리를 킁킁거려도
무겁고 넓은 그 향기는
새어 나오지 않았다

치자꽃 향기는 이삿짐사무실 안
귀퉁이에 갇힌 채
주인의 눈길을 따라가며
안으로 향기를 속삭이다

치자꽃이 다 지고
무성한 초록 이파리만 남은 화분은
그제야 밖으로 해방되었다.

충분히 지옥인데

머리 잘하는 집 미용실
주인장은
이런저런 전화 통화하면서
돈 때문에 조금 입이 나와 있는 눈치다.
손님 머리에 가위 춤을 잠깐 추더니
검은 딱지 같은 염색약을 발라 놓고
점심 먹으러 잠깐 들어가
밥 한술 뜨려고 하니
"안녕하세요?"
당당한 목소리와 함께
남자 구두가 두꺼운 납품 장부를 들고 들어선다.
주인은 들던 수저를 놓고 나온다.
"요즘 잘 돼요? 그런데 혼자 하셔?"
일하는 사람들이 혼자 일하는 것보다
더 속을 썩인다고 말하는 사이
구두는 이 구석 저 구석을 살핀다.
"내 물건은 두 개밖에 없네, 그럼 못써 지옥 가"
두 아이 육아,
종일 손님 머리 손질,
살림을 꾸리며
단골손님들과

남편에 대한 불만에서부터
동네 이야기와 세상 이야기로
하하 호호 우우
하루를 재미지게 살아가는 것 같더니
"지금도 충분히 지옥인데"
손님의 머리를 자르는 주인장
자신의 고민을 자르고 있는
사람 살이

오이 가시

대성병원 건널목 옆 퍼석하게 앉은 좌판
봄볕에 적색 고무다라이가 그을려가고
한 발자국이 다가와 서며
"오이 한 개에 얼마예요?"
"세 개 이천 원."
오이를 고르는 손은
서릿발 같은 가시 송송 맺힌 오이를
들었다 놨다 들었다 놨다…
최후의 보루처럼 맺혀있는 송송 가시가
싱싱한 좌판의 자존심을 지키는데
가시가 떨어지고 잘 팔려 가지 않으면 어쩌지,
다 비슷하구만,
가시를 넘어
한 입 베어 물면 상큼한
오이 가시에 눈이 팔려있는데
사람들 반쯤 건너가는 건널목을 향해
햇볕에 그을린 고무다라이색 손등의 할머니
나를 보며 손짓한다
신호가 바뀌었으니 어서 가던 길이나 가라고
가시라도 만지며 오이 고르는 사람이 낫지
가시가 떨어질까 봐 걱정하는 사람이 무슨 대수

계단 골목

책장에는
몇 년째 책이 모로 쌓여가고
손녀 손자가 자라
한 번씩 다녀가며
틈을 찾아 힘자랑하던 놀이는
이젠 힘없이 헐렁한 책장을 흔든다.
아이들에게 책이라도 떨어지면 어쩌나!

인터넷에서 중고 책장을 사고,
화물 일하는 이웃에게 부탁하여
책장을 싣고 왔다.
2층까지 계단으로 올려야 하는데
앞에서 화물차 이웃이 들고
나는 뒤에서 받쳐 들었다.
그런데, 위층으로 앞서 올라가던 이웃이
소란스러운 소리에 다시 내려와
내 자리를 대신하여 힘을 보태고,
이웃들은 책장을 제자리에 놓아두고
차 한 잔도 뿌리치고
어질러진 공간을 빠져나갔다

계단 골목에
햇살이 환하게 비치는
여름날 오전,

염색

검은색보다 흰색이 더 무거운 머리카락
한 달이면 어김없이 그만큼 자라
점점 더 무거워 내 머리를 덮으면
무거운 짐을 부리러 간다
염색 방에 여인들
역한 염색약 냄새에도 아랑곳하지 않고
머리에 투명 랩을 쓰고 앉아서
수다를 떤다
코로나19로 인해 주가가 폭락했다고
위기가 기회라고
주식의 '주'자도 모르는 왕초보가
남편 권유로 200만 원을 투자해서
사흘 만에 1,400만 원을 벌었다고
방금 흰 머리를 감춘 여자가
꼬리를 남기고 나갔다
죽어라 일해도
1년 벌이 될까 말까 한데
'그녀도 초보라잖아'
돌아와 증권 앱을 깔았다
매수와 매도라는 낱말을 익히고
빨강 파랑 삼각형 역삼각형 부호들이 즐비한데

알 수 없는 그래프를 뚫어져라 보고 또 보아도
한 방에 1년을 살 수 있는
돈은 벌 수 없을 것 같고
속 깊은 나를 드러낸 깜짝 쇼
염색된 마음만 남아 있었다

빨래

빨래가 돈다 빨래가 돈다 더러워진 것들이 돈다 바빠서 한통속에서 함께 돈다 따뜻하게 감싸고돌았던 것들 잠시 제쳐놓고 싸늘함이 열나게 돈다 장애가 있어서 빨리 죽을 줄 알았는데에 붙은 그럼 내 앞에서 또 자식을 보내라는 말이냐에 붙은 얼룩이 돌다 그게 아니다, 엎고 뒤집어 다음 수다에게로 속도를 내며 얹는다 여기저기 섭섭하게 묻은 얼룩들 두루뭉술하게 섞여 물 사이를 돈다 왜곡된 것들 쏙 빠지고 이 빨래 저 빨래가 섞여서 돌고 이제 무심한 배려가 더 아프다 베토벤 숭어가 멈춤을 알린다 탈탈 털고 널어 각자 모양을 하고 걸리다 언제든지 나올 준비된 서랍으로 들어가는 빨래

소라게

현관문을 빼꼼히 열고 발을 내밀다 누군가 올라가는 발소리에 다시 발을 들여놓는다. 예민한 촉수를 가진 소라게는 쏙 들어간 집에서 파장이 사라질 때까지 촉수를 문에 대고 기다린다.

파장을 일으킨 발소리가 죄인처럼 소라게보다 작게 몸을 여민다. 후다닥 더 큰 파장을 내며 계단을 올라간다. 그러면 소라게는 파장이 사라지기를 기다려 문을 빼꼼히 열고 일터로 나간다.

누군가 살다 간 빈집에 이사 온 소라게의 집에서는 옆집 벽과 윗집 천장을 뚫는 전화 소리가 더 크게 새어 나오기도 한다. 윗집에서 고장 난 수도에서 파도가 넘치기도 하여 물벼락을 맞기도 한다.

자주 화가 나는 아랫집 소라게는 끙끙 앓는 소리가 집 밖으로 넘치기도 한다

소라게가 집으로 돌아오기 전까지 위층 발자국은 잠깐 자연스러워지며 큰 숨을 내쉰다. 아파트에서는 밖에서 돌아와 훌훌 껍질을 벗고 느끼고 싶은 자유는 집을 나간 지 오래다.

상상 보자기

유방에 이상이 생겨
검사를 했다

검사 결과를 기다리며

큰 병에 걸려
유방이 사라진다면
한쪽이 찌그러지고
한쪽만 남는다면 으악,
괴기스럽기까지 하는

목욕탕에는 어찌 가나!
남자 앞에서는 어떻게 옷을 벗나!
유방 없는 여자를 남자가 좋아할까?
아무리 다른 이야기를 해도
같은 이야기를 하고 있었다
타인의 이목으로 살아가는
누더기처럼 상상들이 내 몸을 덮고

유선염으로
간단한 수술을 하고

처음으로 내 몸을 만져본다
고통이 배가 되어 산으로 가는
갖가지 상상 보자기를 찢고
내 온기를 처음으로 만진다

출석부

출~석부~ 출석부~
출~석부~ 출석부~
다인이가 손가락으로 다빈이를 가리키고 보면서 예빈이,
예빈이는 손가락으로 승준이를 가리키고 보면서 준혁이,
준혁이는 손가락으로 다인이를 가리키고 보면서 승준이,
승준이는 손가락으로 준혁이를 가리키고 보면서 서윤이
…
한 판 돌림이 끝나고 다시
출~석부~ 출석부~
출~석부~ 출석부~

선생님이 출석부를 펼쳐 이름을 찾고 닫듯
아이들은 작은 두 손바닥을 펼쳐서 앞으로 모았다 양쪽으로 펼치고
돌려 앉은 친구들의 이름을 손짓과 반대로 부르며 허리를 구부렸다 폈다
노래를 부르며 신나는 게임을 한다

정자, 동식, 영희들–
여물지 않은 머리 위를
탁–

내리쳐서 고개를 숙이게 하던
까만 직사각형, 출석부

이제,
꼼짝없이 게임이 되어
새 이름을 쓰고 있는 출석부

출~석부~ 출석부~
출~석부~ 출석부~

분홍 티니핑 물지게

놀이터에서 아이들이 물총놀이를 한다
중학생들은 서로에게 물총을 겨누면서 논다
우리 꼬마 아이들 물총은 물지게처럼 뒤에 메는 것이다
각종 캐릭터가 붙어있다

한 중학생은 내게 와서 한 번만 빌려달라고 한다
아이들에게 이야기하라고 하니
중학생은
"한 번만, 딱 한 번만,"
내게만 이야기하고 서 있다
하지만 꼬마 아이들은 안 된다고 한다
친구에게 복수하려는 그 아이에게 빌려주지 않는다

"안녕하세요"
한 아이가 다가와 살갑게 인사한다
놀이터에 한두 번 만난 아이다
오늘은 동생도 데려왔다

한참 지나
큰아이가 물총을 내려놓고 그만하겠다고 하니
"나도 한번 해 보고 싶다."

인사했던 아이의 말에 큰아이는 고개를 끄덕한다
껑충한 키에 남자아이가 분홍 티니핑 캐릭터 물지게를
한쪽 어깨에만 지고 신이 났다

잠시 후 어디선가,
"남의 것을 왜 만져, 갖다줘!"
"다음부터 할머니와 같이 안 올 거야!"
고함과 고함이 맞받아친다
그렇게 몇 번을 오가더니
아이는 물지게를 내려놓는다

자기 능력을 발휘해서 살갑게 인사도 나누고
자신의 말로 소통하고 빌린 물총인데

이런 일들이 이 할머니 일만은 아닐 터

비빔면

유튜브에서
비빔면을 먹는 장면을 본 뒤로
아직 매운 것을 먹지 못하지만
입에 침이 고였다.

엄마한테 돈을 받아서
비빔면을 사서 안고 왔다.

"엄마, 물 끓여 줘."
"손님 머리 자르고 있잖아!"

손님 머리 대신
엄마는 내 말을 자르고

"내가 끓여 줄게"

검은 서릿발처럼
염색약을 발라 놓아 삐죽삐죽 솟은 머리가
회색 가운을 입고 변신을 기다리다가
미용실 딸린 방으로 들어온다.

"물 끓일 줄 알아요?"
"그럼"

자신만만하더니
가스 밸브를 간신히 찾아
물을 올려준다.

미용실에 오는 사람들은
손님이 되었다가
엄마가 되었다가
머리에 날개 단 양
미용실을 나간다.

제6부

평범한 혹은 비범한

평범한 혹은 비범한

저기 뭣이냐 큰방에 가면 뻘건 것 있어야 갖다 입어라

안방에 가면 두 번째 못에 내가 입던 조끼 있다 따뜻할 테니
갖다 입어라

두 마음은 같아도

가면서부터 뻘건 것의 정체를 찾아가는 말과
아, 거기 가면 있을 거라 무조건 달려가는 말의

생각으로 길을 가는 걸음에는
사람이 있고, 앞을 생각하는
상상의 물건을 찾아가는 걸음에는
인간이 있다, 앞뒤를 생각하는

두 마음은
다르면서 같고, 같으면서 다르다

기차를 놓치고

20분의 여유를 가지고 출발, 소사역에서 공사 중으로 버스가 지체되고, 정확한 약속 시간을 자랑하는 지하철에서 한숨을 돌리려고 할 때 구일역에서부터 차가 앞차들에 밀리며 가다 서다 시간을 끈다. 시간은 자꾸 가는데… 마음은 빛보다 **빠른** 속도로 서울역 ktx 창원행 5호 칸에 가 앉아있다. 차가 멈추거나 서행할 때마다 서 있는 자리에서 서울역을 오가는 분주한 마음. 3분을 남겨두고 서울역에서 지하철 문이 열린다. 뛰었다. 10번 홈에 기차가 보이지 않는다. 9번 홈 기차에 오른다. 그런데 일행들이 없다. 다시 반대쪽으로 향해 달린다. 천천히, 레일 위를 굴러 머리를 드러내는 기차. 미끄러지는 순간, 동료들이 손을 흔든다. 기차가 싣고 가는 안타까움으로도 플랫폼에 멈춘 아쉬움을 달래지 못하는 아침, 빛보다 **빠른** 마음의 속도, 그것은 곧 정지였다.

팽팽한 저울

터미널은 저울이었다
약속하고
고속도로를 달려갔으나
너는 이쪽, 나는 저쪽
양쪽 터미널에 팽팽히 앉아
네가 올 거야,
서로를 기다렸지
터미널에 오가는 수많은 발길보다
더 바쁘게 오가는 마음속은
기울지 않는 저울 같은 약속이 되어
멍한 시선으로 자리를 떠났지
핸드폰도 통하지 않던 때라지만
텔레파시도 통하지 않고
수많은 사람 속에서도
네가 아는 그곳과
내가 아는 그곳이 달라도
어떻게든 만날 수 있어야지

둘이 가기로 했던 계곡을
혼자 걸으며

마음속에 든 돌멩이 하나
계곡 물속에 던져놓던 약속,

노란 비

주춤,
발길이 멈춰졌다

시간을 쪼개고 쪼개
일을 빨리 마쳐야겠다
는 생각이 바위만큼 무거워진 줄 모르고
은행나무 아래를 스치고 지날 때쯤
노란 비 하염없이 내리고
머리에 들었던 커다란 바위가
턱,

산산이 흩어진 바위 조각들이
노란 비 되어 날리고

한 발 한 발 앞으로
파란 하늘이 보이고
만나야 할 사람들과
해야 할 이야기들이 바스락바스락

깜빡하면,
일을 해치워버릴 뻔했다.
사람들을 만나지 못 할 뻔했다.

작가의 말

그럼에도 불구하고

늘 개미처럼 바쁘게 오가다가도 문득 베짱이처럼 멈춰 서는 날이 있었습니다. 그럴 때면 조용히 책상에 앉아, 고요히 나를 들여다보곤 했습니다.

누가 나에게 이렇게 가지런히 앉으라 했을까요. 생각 끝에 떠오르는 것은 모래알 같은 세상에서 숨 막히고 견디기 힘들었던 순간들이었습니다. 그 시절 나는 나를 키우고 싶었습니다. 다른 내가 되어 보고 싶었습니다.

어느 겨울, 신문 속 전단 한 장에 이끌려 나도 모르게 문을 박차고 나갔습니다. 그리고 전혀 다른 세계와 마주쳤습니다. 전교조, 함께 살아가기 위한 혁명, 타인이라는 이름의 소중한 사람들, 학교에서 가르쳐주지 않았던 살아있는 삶과 삶 속의 글이 거기 있었습니다.

그렇게 시작된 공부는 한때 낡아가던 내 삶을 겨울 노루 꼬리 같은 햇볕처럼 따뜻하게 비추기 시작했습니다. 긴 세월을 함께 울고 웃던 스승과 동지들이 있어 가능했던 일이었습니다.

깊이 감사드립니다.

시를 쓰는 일은 익숙했지만, 그 시들을 한자리에 모아 누군가에게 건네는 일은 쉽지 않았습니다. 읽히지 않고 책꽂이에 꽂혀 있을 거란 생각, 책장도 채 넘기지 않은 채 어디로 버려질지도 모른다는 마음이 늘 따라왔습니다.

그러다 어느 날, '그럼에도 불구하고'라는 마음이 들었습니다. 삶의 구석구석에서 나를 붙잡던 마음들, 견디기 어려웠던 순간들이 언어로 튀어 오르던 기록.

이제는 그 마음들을 조용히 놓아주려 합니다. 누군가 읽어주지 않아도 좋습니다. 이 시들이 나를 떠나 바람처럼 스쳐 가기를 바랍니다.

그리고 언젠가, 이 책의 어느 한 귀퉁이라도 누군가의 눈길에 머물고, 그 마음에 잠시라도 닿을 수 있다면, 그것으로 충분합니다.

2025년 가을
나순희

싱싱한 변명

초판 1쇄	2025년 11월 20일
지은이	나순희
발행인	김재홍
교정/교열	김혜린
디자인	박효은
마케팅	이연실
발행처	도서출판지식공감
등록번호	제2019-000164호
주소	서울특별시 영등포구 경인로82길 3-4 센터플러스 1117호(문래동1가)
전화	02-3141-2700
팩스	02-322-3089
홈페이지	www.bookdaum.com
이메일	jisikwon@naver.com
가격	12,000원
ISBN	979-11-5622-965-0 03810

ⓒ 나순희 2025, Printed in South Korea.

- 이 책은 저작권법에 따라 보호받는 저작물이므로 무단전재와 무단복제를 금지하며 이 책 내용의 전부 또는 일부를 이용하려면 반드시 저작권자와 도서출판지식공감의 서면 동의를 받아야 한다.
- 파본이나 잘못된 책은 구입처에서 교환해 드립니다.